AF481137

Editorial Cuentos Infantiles para Dormir

Copyright © Raquel Tolmo

ISBN: 978-84-129483-2-5

Primera edición: Noviembre de 2024

RaquelTolmo.com

"La honestidad es decir siempre la verdad, porque cuando somos honestos, nuestro corazón brilla más fuerte"

Soy maestra de Educación Infantil de profesión,
escritora de cuentos infantiles de corazón y madre de
dos niños maravillosos. Mi amor por el mundo infantil
ha sido siempre una constante en mi vida.

Mis padres siempre me cuentan que de pequeña,
cuando me preguntaban "¿Qué quieres ser de mayor?",
lo tenía claro: "Profesora-madre". ¡Objetivo cumplido!
Y no sólo eso, si no que además he descubierto que
me encanta escribir historias para los más pequeños.

Creo firmemente que los cuentos no solo entretienen,
sino que también educan y ayudan a los niños a
superar diversas etapas de su crecimiento.

¡Únete a mi viaje lleno de historias increíbles!

Descubre más en
www.raqueltolmo.com

CUENTOS
INFANTILES PARA DORMIR

Cuentos infantiles únicos y especiales para soñar bonito.

CUENTOS
INFANTILES PERSONALIZADOS

Ayuda a los pequeños soñadores a superar todos sus retos.

CANCIONES
INFANTILES PARA VIAJAR

Canciones positivas y educativas llenas de ritmo.

CANCIONES
INFANTILES PERSONALIZADAS

Regala una canción única y especial 100% personalizada.

Hola, pequeños soñadores, bienvenidos a 'Cuentos Infantiles para Dormir'. En este cuento vamos a hablar sobre la HONESTIDAD. Así que, abrazad a vuestro peluche favorito y dejad que este bonito cuento os lleve a un mundo donde los sueños se hacen realidad. ¿Listos para la aventura? Abrid bien vuestros oídos y relajaros que ya comenzamos...

Pepita, la
hormiga honesta

En un rincón soleado del bosque, la colonia de hormigas trabajaba sin descanso. Todos excepto Pepita, una pequeña hormiga con una gran imaginación y muy poco entusiasmo por el trabajo. Cada día se inventaba una mentira para no ir a trabajar.

—¡Buenos días, chicas! No puedo ir a recolectar hoy. Es que he perdido mis zapatos.

—¿Zapatos? ¡Pero si nosotras no usamos zapatos! —exclamó otra hormiga, bastante sorprendida.

—Ay, Pepita, ¡siempre con tus historias! —reía la otra hormiga—. ¿No será que te quieres escaquear, eh?

—No, no, de verdad —mentía Pepita.

Aunque sospechaban, las otras hormigas se fueron a trabajar y Pepita se quedó en el hormiguero, satisfecha con su pequeña victoria.

—Jiji, conseguí engañar a todas... me quedaré toda la mañana durmiendo —pensaba Pepita.

Al día siguiente, Pepita ya tenía preparada la siguiente mentira.

—Ay, no puedo ir hoy. Mi barriguita me duele muchísimo.

En ese momento, pasaba por ahí la hormiguita doctora, que se acercó preocupada.

—Déjame ver, Pepita. ¿Dónde te duele? —preguntó.

—Es un dolor muy raro, invisible y muy, muy contagioso. Mejor que no os acerquéis —decía Pepita con voz algo temblorosa, por si la pillaban.

—Mmmm, interesante. Descansa entonces, pero hablaré con la Reina sobre esto, no vaya a ser una enfermedad peligrosa y nos contagies a todas —le dijo la hormiga doctora, que empezaba a dudar de Pepita.

Pepita tragó saliva, viendo cómo por sus mentiras las demás hormigas empezaban a desconfiar de ella.

A la mañana siguiente, y extrañamente y recuperada, Pepita tenía preparada la siguiente mentira para librarse de un día duro de trabajo.

—¡Una tormenta! ¡Una gran tormenta

se aproxima! He escuchado a los pájaros hablar.
Estaban asustadísimos. ¡Todas al hormiguero!
—gritaba bien alto para que la escucharan todas las
hormigas.

La colonia, que confiaba en la palabra de Pepita,
canceló la expedición del día. Sin embargo, el
cielo se mantuvo claro y soleado.

—Pero si no hay ni una nube... —dijo
una hormiga mirando hacia afuera.

—¿Eh? Debe de haber cambiado de dirección.
¡Qué suerte la nuestra! —dijo muy nerviosa, ya que
casi la pillan.

Las sospechas entre las hormigas crecían, pero a
Pepita parecía no importarle mucho. Había
conseguido librarse de trabajar unos cuantos días,
así que no tardó en pensar en la siguiente mentira.

Al día siguiente, intentando evitar ir a
recolectar semillas, Pepita se escondió entre
unos arbustos cerca del río cuando escuchó
un chapoteo.

—¡Ayuda! ¡Ayuda! —unos gritos
de auxilio provenían del río. Una
ranita estaba siendo arrastrada por
la fuerte corriente.

Sin pensar, Pepita cortó una rama de un arbusto y rápidamente se acercó a la rana, consiguiendo así ponerla a salvo.

—¡Croac! ¡Gracias Pepita! ¡Eres una heroína! ¡Croac! Has sido muy valiente —le decía la rana aún con el susto en el cuerpo.

La noticia se esparció como la pólvora por el hormiguero. Pepita se convirtió en una heroína, aunque su corazón sabía la verdad, ya que pudo salvar a la rana gracias a una de sus mentiras, y eso no le hacía sentir demasiado bien.

A medida que pasaban los días, Pepita sentía un peso cada vez mayor en su corazón. Ser considerada una heroína por un acto de valentía accidental le recordaba constantemente sus engaños anteriores.

Una tarde, mientras el sol se ocultaba tiñendo el cielo de naranjas y rosas, la abeja Berta se posó en una flor y, al sentir la tristeza de Pepita, empatizó con ella y le preguntó:

—¿Qué te pasa, pequeña hormiga? Te noto triste y preocupada.

—Sí, es que últimamente he dicho muchas mentiras, y eso me hace sentir muy mal —le confesó Pepita.

—Es normal que te sientas así. Lo mejor es que seas honesta.

—¿Honesta? ¿Eso qué es? —preguntó la hormiga, curiosa por saber más.

—La honestidad es decir la verdad y actuar con respeto hacia los demás, incluso cuando es difícil. Todos decimos mentirijillas a veces, pero lo

importante es ser honesto porque eso te hará sentir bien. ¿Por qué no lo pruebas? —le animó la abeja.

Pepita se lo pensó y finalmente decidió ser honesta y confesar la verdad. Así que se armó de valor y convocó una reunión urgente con la Reina y toda la colonia.

—Quiero deciros algo... Nunca perdí mis zapatos, ni tuve una enfermedad contagiosa, y me inventé lo de la tormenta.

Lo siento mucho —confesó Pepita, sintiéndose
liberada por fin de sus mentiras.

El hormiguero se sumió en un silencio rotundo.
Las otras hormigas intercambiaban miradas,
desconcertadas por la confesión de Pepita. Un
murmullo invadió la sala, y todas las
hormigas empezaron a comentar
lo sucedido.

En ese momento, la Hormiga Reina, con tono serio, dijo:

— ¡SILENCIO! Pepita, tus mentiras nos han preocupado y confundido. Han hecho que casi perdamos la confianza en ti. Pero tu valentía al salvar a la rana y tu coraje al decir la verdad y ser honesta demuestran que tienes un buen corazón —dijo la Reina, esbozando una leve sonrisa—.

— Y recordad, todos cometemos errores, pero lo importante es aprender de ellos y crecer. Te perdonamos, pero tus actos tendrán sus consecuencias: tendrás que levantarte una hora

antes que las demás hormigas, prepararnos a todas el desayuno cada mañana, y trabajarás duro junto a todo el hormiguero. Y por supuesto, no volverás a mentir —sentenció la Reina.

Pepita, agradecida por la oportunidad, se comprometió a decir siempre la verdad y a ser muy trabajadora.

Una tarde tranquila, mientras Pepita recolectaba semillas, la abeja Berta se acercó a ella y le preguntó qué tal había ido la reunión.

Pepita, con una gran sonrisa, le dijo:

—¡Hola, Berta! Gracias a tu consejo aprendí que la verdad y el trabajo duro traerán recompensas mayores que cualquier mentira. Mira qué montón tan grande de semillas he recolectado yo solita —decía Pepita, orgullosa.

—Pepita, ¡cuánto me alegro! Ahora tu corazón estará tranquilo y feliz. ¿Quieres que te ayude a recolectar semillas? —dijo la abeja Berta, sonriendo a su honesta amiga.

Y así, pequeños soñadores, la hormiga Pepita aprendió que decir la verdad siempre te lleva por el camino correcto y te ayuda a construir relaciones de confianza con las personas que te quieren.

¿Qué es la honestidad?

La **honestidad** es decir la verdad, incluso cuando es difícil o cuando creemos que meternos en problemas es posible. Es como tener un escudo invisible que nos protege y ayuda a construir amistades fuertes y verdaderas.

A veces, puedes sentir miedo de decir la verdad porque piensas que te van a regañar, pero decir la verdad siempre es la mejor opción. Ser honesto muestra que eres valiente y confiable.

¿Qué harías tú?

⭐ ¿Qué harías tú si estuvieras cansado y no quisieras ir al colegio como Pepita?

⭐ ¿Qué harías tú si vieras a alguien en problemas, como Pepita cuando ayudó a la rana?

⭐ ¿Qué harías tú si te sintieras mal por haber dicho una mentira, como le pasó a Pepita?

Mensaje para las familias

Sabemos que la honestidad es una cualidad súper importante para nuestros pequeños, y aquí van algunos consejos para ayudarlos a ser honestos:

 **Cuentos como ejemplo**

Leer juntos cuentos sobre la honestidad y hablad sobre lo que pasa cuando decimos la verdad. ¡Las aventuras son más emocionantes cuando somos honestos!

 **Jugando a ser detectives**

Si alguna vez sospecháis una "mentirijilla", juegad a ser detectives. ¡Pero ojo! La misión es descubrir la verdad con cariño y comprensión, no con castigos.

 **Premiar la verdad**

Cada vez que tu hijo diga la verdad, incluso si es difícil, celebradlo juntos. ¡Un abrazo gigante o una pegatina especial hacen magia!

 **Modelando el ejemplo**

Comparte con tus hijos momentos en los que tú también tuviste que ser honesto, incluso cuando fue difícil. ¡Ser un ejemplo real es la mejor manera de enseñarles!